LEESFEEST!

piratenverhalen

voor beginnende lezers

Julia Boehme
Tekeningen van Eva Czerwenka

DELTAS

Title of the original German edition: *Lesetiger – Piratengeschichten* (Julia Boehme)

Illustraties: Eva Czerwenka.

Deze uitgave door: Deltas, België-Nederland.
Nederlandse vertaling: Evelyn Onink-Middelbeek.

D-MMXIII-0001-98
NUR 281

Inhoud

Een slechte ruil

Kapitein Brandewijn
kijkt in het ruim:
parels, gouden tandenstokers
en diamanten zo groot
als eieren.

‘Laten we nog meer buit maken’,
roept hij lachend.
‘We varen naar het zuiden!’

Zijn piraten worden bleek:
‘Maar dan komen we in het gebied
van kapitein Houtepoot!’

Kapitein Houtepoot
is de gemeenste zeerover
van de zeven wereldzeeën.

Zelfs de dapperste piraten
zijn bang voor hem.

‘Kom, kom!’ zegt Kapitein Brandewijn.
‘Waar is mijn verrekijker?
Als we in de verte
een piratenvlag zien,
keren we snel om.’
En ze varen weg.

'Schip in zicht!'
roept Piet op een dag.

De kapitein kijkt
door zijn verrekijker.
'Geen piratenvlag!' roept hij.
'Maak je klaar om te enteren!'

Met hun snelle schip
halen ze het andere schip al gauw in.
Brandewijn gooit
de enterhaak uit.

Al brullend springen
zijn piraten aan boord.

‘Geef je over!’
bevelen ze dreigend
en ze zwaaien met hun zwaard.
‘Dit schip is nu van ons!’

Dan gaat de deur van de kajuit open
en voor hen staat… kapitein Houtepoot!

De piraten van Brandewijn
beven als rietjes.

‘Jullie mogen
deze boot hebben’,
grijnst kapitein Houtepoot.

‘Maar wij nemen
jullie schip over!’
roept hij nog
en hij vaart weg.

Een slechte ruil,
merken Brandewijns mannen:
de boot van Houtepoot
is bijna lek.

'Kijk dan wat er
in het ruim zit!'
roept Brandewijn woest.

Helaas, het ruim is leeg.
Op één gat na,
dat onhandig is dichtgestopt
met een oude piratenvlag!

Kanonskolen

Sil trekt zijn zwaard.
'Nu gaan er koppen rollen!' briest hij.

Iedereen lacht.
Het enige wat rolt,
zijn de kolen
voor het avondeten.

Sil vaart wel
op een echt piratenschip.

Maar met zijn zwaard
schilt hij aardappels
en hakt hij groente.
Hij is nog maar een keukenhulpje.

Opeens wiebelt het hele schip.
Uit het water duikt
een enorm zeemonster op.

Het monster heeft trek.
Het rammelt van de honger.
En piraten zijn best lekker.

‘Naar de kanonnen!’
beveelt de kapitein.

Maar de piraten
zijn vergeten
kanonskogels te jatten.
Ze hebben er niet één meer!

De piraten worden bang.
Dan heeft Sil een idee:
'We gebruiken gewoon kolen!'

En dat doen ze:
de piraten schieten
met koolkogels.

Het zeemonster
spert zijn bek wijd open
en schrokt de ene kool
na de andere naar binnen.

Al snel heeft het monster
geen trek meer.
Want bij erge trek
helpt kool altijd het beste.

Met een bolle
buik duikt het
monster de zee in.

‘Hoera!’ brullen de piraten
en ze gooien Sil
van blijdschap in de lucht.

Daarna helpen ze allemaal
aardappels schillen:
maar alleen deze keer!

Op de piratenschool

Lola gooit haar flessenpost
met een zwaai in het water.
Haar opa vaart op zee.

Binnen een week
is hij er.

‘Ik wil piraat worden,
net als jij!’ roept Lola.
‘Moet ik dan nog naar school?’

‘Natuurlijk moet je naar school!’
Opa grijnst.
‘Naar de piratenschool!’

De volgende dag neemt opa
Lola mee naar de haven.

Op een oude driemaster
is een school
waar je niet leert
lezen of schrijven.

De kinderen zitten ook
niet netjes aan hun tafel.
Nee, ze klimmen in touwen.

Lola klimt meteen naar boven.
En roetsjt dan langs de mast naar
beneden. Dat is leuk!

Daarna leren ze hoe ze
enterhaken moeten gooien.

De piratenklas oefent
ook om bekken te trekken.
Nog nooit was een meester
zo tevreden over Lola!

Haar lievelingsvak
is nu schelden.
Je zet je armen in je zij
en brult de vuilste woorden
die je kunt bedenken.

'Mag ik vanaf nu
elke dag hierheen?'
vraagt Lola.
'Zeker weten', zegt opa.

Van nu af aan gaat
Lola graag naar school.
Alleen vakantie is nog leuker!

De schatkaart

Daan is piraat.
Maar hij heeft
geen geld.

Hoe moet hij
in de volgende haven
zijn drank betalen?

Maar dan krijgt Daan een idee.

Op een vel papier
tekent hij een eiland.
Een onbewoond eiland
met palmbomen.

In het midden tekent hij een kruis.
'PiRatenScHaT',
schrijft hij eronder.

Dan giet hij nog wat
koffie over het papier
en scheurt er een hoek af.

‘Nu lijkt het net
een echte schatkaart’,
lacht Daan tevreden.

In de volgende haven
vindt hij een dommerik
die de kaart van hem wil kopen.

Zeerover Klaas
geeft Daan vier goudstukken
voor de kaart.

‘Ik wilde altijd al eens
gaan schatzoeken’,
zegt Klaas blij.

‘Met deze kaart kun je zoeken
tot je stokoud bent’,
denkt Daan gemeen.

Hij had niet gedacht dat hij
Klaas ooit nog zou zien.

Maar in Honolulu
staat de zeerover
plots voor hem.

Ai ai ai! Klaas is vast boos!
Maar hij omhelst Daan:
'Jouw kaart was zeeberegoed!'

Daan hapt naar adem.
'Heb je ergens
een schat gevonden?'

'En wat voor een!'
Klaas laat zijn buit zien.
'Voor de volgende kaart
betaal ik meer!'

Diezelfde avond nog
tekent Daan
een nieuwe schatkaart.

Maar deze keer niet om te verkopen.
Deze keer wil Daan
de schat liever zelf vinden…

Julia Boehme werd in 1966 in Bremen geboren. Ze studeerde literatuur- en muziekwetenschappen en werkte daarna als redacteur voor de kindertelevisie. Op een dag herinnerde ze zich dat ze als kind graag schrijfster wilde worden. Hoe had ze dat nu kunnen vergeten? Meteen besloot ze een boek te schrijven. Sindsdien bedenkt ze het ene verhaal na het andere.

Eva Czerwenka werd in 1965 in Straubing geboren. Na haar eindexamen studeerde ze beeldhouwkunst aan de kunstacademie in München. In die periode begon ze kinderboeken te illustreren. Haar liefde voor boetseren is ze nooit kwijtgeraakt. Als ze eens niet aan haar tekentafel zit, maakt ze het liefst dieren van klei.